M. GUSTAVE HALPHEN,

Consul-Général de Turquie à Paris,
Commandeur d'Isabelle la Catholique,
Décoré du Nichan-Iftihar, Officier de la Légion-d'Honneur,
Ancien Négociant, etc.

―――※―――

S'il est au monde une fonction délicate, c'est-à-dire qui exige particulièrement des lumières, de la fermeté, de la modération, de l'équité, de la bienveillance, c'est sans doute celle de consul. Si M. Halphen n'eût manifestement réuni en lui de telles qualités, eût-il été appelé à exercer en France un consulat-général au nom de l'une des plus grandes puissances de la terre? Cela est douteux. D'autre part, M. Halphen est, comme on verra, un savant technologue et un homme de goût. Telles sont les diverses raisons pour lesquelles nous considérons comme un devoir impérieux de le placer parmi les notabilités qui figurent dans nos *Archives des Hommes du Jour*, fondées depuis dix ans.

M. Halphen appartient à une nombreuse famille de Paris, dont tous les membres jouissent d'une haute position sociale, méritée par des travaux ou des services honorables. Un de ses frères est Régent de la Banque de France; un autre est Notaire; un troisième est un des chefs de la plus importante maison dans le commerce des diamants; un quatrième, enfin, mort depuis quelques années, était maire du IIme arrondissement et membre du Conseil-Général des Hospices. Ce dernier a marqué son administration municipale par beaucoup d'institutions utiles, qui sont restées comme de précieux et honorables monuments de son intelligence, de sa prévoyance et de son patriotisme.

Il y eut un temps où M. Gustave Halphen, de concert avec son honorable frère, M. Germain Halphen, ancien juge au tribunal de commerce, exploitait la haute industrie de commissionnaire en marchandises. Leur maison était considérable, et il n'était presque aucun genre de marchandises qu'elle ne comprît dans ses opérations. Et leurs relations s'étendaient dans presque toutes les contrées du monde, et notamment dans la Turquie d'Europe et la Turquie d'Asie.

C'est ainsi que M. Gustave Halphen, en particulier, eut occasion de se faire connaître du gouvernement Turc pour un négociant à la fois actif, probe, éclairé.

Aussi, lorsque vint le temps où ce gouvernement résolut d'établir un consulat-général à Paris, crut-il ne pouvoir mieux faire que de le confier à M. Gustave Halphen. Il est bon de faire remarquer ici, en passant, que certaines contrées du globe confient souvent à des étrangers dont elles ont éprouvé l'intelligence et la loyauté les fonctions consulaires, quand ces fonctions doivent être exercées dans des pays lointains.

« Lorsque M. Halphen fut investi de la haute fonction dont nous parlons, il était encore négociant ; mais il ne tarda pas à sortir des affaires, pour pouvoir consacrer tout son temps et ses soins au consulat-général dont il avait été revêtu. Une chose notoire, c'est la distinction et l'intégrité qu'il a toujours apportées dans l'exercice de ses fonctions, et qui lui ont fait des amis reconnaissants de tous ses justiciables.

De là l'estime dont il jouit auprès de la Sublime-Porte, et à laquelle il est venu ajouter encore par un travail d'une haute valeur, qu'il avait exécuté sous les inspirations du Divan : Nous voulons parler de son *rapport sur l'Exposition de l'Industrie Française en* 1844, lequel, publié avant celui du *Jury central*, a paru plus lucide, plus intelligemment conçu, plus longuement développé.

Ce rapport, ou plutôt cet ouvrage, est précédé d'une savante introduction dans laquelle l'auteur prélude à l'office de statisticien, de technologue, de critique, par des considérations sur l'industrie, écrites d'un style ferme, riche, élevé, et empreintes d'une philosophie et d'une raison profondes, qui éclatent surtout dans les passages que voici :

« Dans son enfance, l'industrie se resserre au» tour du foyer domestique : l'homme a peu de

» besoins dans l'état de barbarie, et chaque fa-
» mille fabrique elle-même tout ce qui lui est né-
» cessaire. Mais, au sein de ce travail grossier,
» quelques intelligences se développent, quelques
» aptitudes se déclarent; les industries se sépa-
» rent; chaque individu adopte celle qui lui
» convient le mieux. Dans cette seconde phase,
» l'échange voit le jour : celui qui récolte le blé
» troque l'excédent de son grenier contre la laine
» ouvrée de son voisin, dont il a besoin pour se
» vêtir; celui-ci opère un troc pareil avec le fabri-
» cant d'instruments de pêche ou de chasse, etc.,
» et la répartition égale de tous les produits a
» lieu ainsi par la voie de l'échange. Bientôt le
» signe monétaire remplace cet échange en na-
» ture, et facilite la vente : le commerce est
» trouvé. Alors, par un besoin instinctif d'associa-
» tion, tous les artisans d'une même industrie se
» groupent pour défendre leurs droits, pour se
» secourir, pour s'aider l'un l'autre, pour empê-
» cher que des industries étrangères ne réagissent
» d'une manière fâcheuse et n'empiètent sur la
» leur, n'entravent leurs travaux et ne s'attaquent
» à leurs priviléges. La fabrique a sa *féodalité*
» comme la noblesse, les *jurandes* et les *maîtrises*
» sont instituées. Les *foires* ne tardent pas à pa-
» raître : Exposition à l'état rudimentaire, où
» chaque marchand étale ses denrées, chaque
» manufacturier ses produits, dans le seul but de

» les vendre, et sans d'autre concours que le
» concours matériel. Mais, dans ces réunions pé-
» riodiques, naissent de nouvelles relations, jail-
» lissent quelques clartés, s'allument de nobles
» émulations; et, lorsque la fabrique s'émancipe
» enfin, lorsque le règne de la liberté et de l'ordre
» se lève sur le monde politique comme sur le
» monde industriel, lorsque la libre concurrence
» ouvre la carrière à toutes les ambitions, l'*Ex-*
» *position individuelle*, la boutique, atteignant les
» proportions du bazar, remplace la foire ou
» l'*Exposition collective*. Mais le chaos menace alors
» de s'étendre sur les mille branches isolées de
» l'industrie, que les maîtrises et les jurandes ne
» relient plus. Vient alors l'*Exposition publique* qui
» n'est plus un marché de vente, mais un con-
» cours, un congrès national, et le faisceau se
» resserre sous l'étreinte de cette puissance ci-
» vilisatrice.

. . . .

» Une exposition rassemble tous les rayons de
» la science, pour les répandre ensuite au loin.
» Elle éclaire les fabricants et les manufacturiers
» eux-mêmes sur les améliorations obtenues par
» leurs rivaux. A une époque de liberté comme
» la nôtre, où chacun peut embrasser telle car-
» rière qu'il lui plaît, travailler la matière avec
» son intelligence comme il l'entend, elle dévoile
» quelle spécialité industrielle se trouve négligée;

» quelle spécialité a atteint son apogée ; ce qu'il
» reste à faire dans telle ou telle partie, ce qui a
» été fait dans telle ou telle autre ; ce qu'il entre-
» prendra, ce qu'il faut délaisser. »

» Supposons un instant un pays aussi vaste que
» la France, sans exposition publique : sur cette
» immense surface, dix mille fabriques, manufac-
» tures et usines sont disséminées au hasard. Les
» forges allument leurs hauts-fourneaux et soulè-
» vent leurs marteaux de fer ; les filatures met-
» tent en mouvement leur métiers ; le drap, la
» toile, ces mille tissus brochés de soie, de laine,
» de coton prennent un corps et s'allongent sur
» leurs trames ; la chimie, leur venant en aide,
» manipule les oxides, les sels, les alcalis, pour
» leur prêter mille couleurs brillantes et inaltéra-
» bles. Mais, au milieu de cette activité apparente,
» tout languit et se traîne dans la routine. Chaque
» industriel, n'ayant sous les yeux que ses propres
» produits, a bientôt atteint la limite de ses
» connaissances isolées ; il s'y complaît, s'y ren-
» ferme et ne suppose rien au-delà. Ici nous trou-
» vons un inventeur auquel le mécanisme de
» l'application fait défaut ; là, nous voyons un
» actif exécutant qui se consume en vains efforts
» sur des procédés incomplets et vieillis. L'intel-
» ligence est sans bras ou le bras sans intelli-
» gence. Sous peu, les funestes effets de cet état
» de choses se feront sentir ; la décadence s'avan-

» cera rapidement pour le grand nombre, et ceux
» qui fleuriront au milieu de cette ruine incessante
» ne seront que de rares exceptions à la règle
» fatale. Une bienfaisante communion entre tous
» les membres de la famille industrielle pourra
» seule leur ouvrir la carrière du progrès et de la
» fortune. »

Nous cédons au désir de copier encore le passage suivant du rapport de M. Halphen, parce qu'on y trouve la noble expression d'une espérance dont nous avons commencé à voir la réalisation à Londres en 1851.

« En voyant la paix profonde qui règne sur le
» continent depuis trente années, à l'aspect de
» tous ces peuples, qui, oubliant les vieilles que-
» relles politiques, consacrent leur intelligence
» et leurs efforts, aux paisibles conquêtes des
» lettres, des sciences et de l'industrie, il nous a
» semblé qu'un jour viendra, où les relations
» entre tous ces peuples seront tellement fré-
» quentes, tellement amicales, où l'intérêt com-
» mun aura si bien éteint les fâcheux préjugés qui
» peuvent encore les diviser, que leurs frontières
» morales, à défaut de leurs frontières territo-
» riales, disparaîtront complètement. Alors, sans
» doute, unissant tous ensemble leurs efforts,
» cherchant mutuellement à se surpasser et à
» s'éclairer, ils viendront apporter chacun leur

» labeur, le fruit de leurs travaux, les résultats
» de leurs recherches, à de vastes expositions où
» l'Europe entière se donnera rendez-vous. »

Des considérations si sensées, si neuves, si intéressantes, montrant quel juge éclairé notre industrie a trouvé dans leur auteur, donneront naturellement envie à nos lecteurs de connaître l'économie du rapport de M. Halphen : parmi les nombreux journaux qui l'ont esquissée, nous citerons le Globe du 25 juin 1845, et d'autant plus volontiers, qu'à l'exactitude et à l'impartialité les plus évidentes il joint la rapidité.

» En esprit sobre, disait LE GLOBE, M. Halphen a su tourner l'écueil, se restreindre, éviter la confusion et le désordre; il a sacrifié quelques parties secondaires de son tableau à l'ensemble, et rangé au premier plan tout ce qui avait une importance réelle; au lieu d'éparpiller ses vues sur les produits de quatre mille exposants, chiffre énorme, il s'est contenté d'en apprécier un dixième. Ce tableau ainsi combiné n'est point une nomenclature sèche et stérile des diverses formes que revêt le génie inventif de l'industrie; chaque spécialité qu'il renferme est précédée d'une notice historique qui résume les différentes phases qu'elle a subies depuis son origine, et l'état actuel de ses progrès. Vient ensuite une soigneuse analyse des découvertes nouvelles, avec les noms de leurs inventeurs.

» Les procédés les plus ingénieux, les mécanismes les plus compliqués sont mis à la portée de tous avec une parfaite lucidité; sans la moindre peine, sans le moindre effort, M. Halphen vous fait pénétrer dans les arcanes les plus intimes du génie industriel, et pressentir de loin la grandeur de ses destinées. On apprend avec lui ce que la science peut apporter de secours à l'application, comment elles se combinent, se prêtent la main et se servent réciproquement ; il n'abaisse jamais l'une au détriment de l'autre, et sait rendre justice à chacune d'elles.

» L'amour de l'utile ne lui fait pas négliger les œuvres d'art.

» Au milieu de cet immense étalage de meubles, d'orfèvreries, de bijouteries, de bronzes, de plaqués, de dorures et d'argentures, il signale avec goût et discernement les objets qui s'y distinguent par la pureté et l'exquise finesse de leurs formes ; il rend à chaque âge de l'art ce qui lui appartient, à chaque peuple étranger les emprunts nationalisés et perfectionnés par le génie français : tous ces détails intéressent et rompent la monotonie qui s'attache aux énumérations partielles.

» L'auteur du rapport s'est, en outre, proposé un but d'une haute utilité pratique, celui d'éclairer le commerce d'exportation.

» A ce titre, le travail de M. Halphen se recommanderait encore à l'examen des hommes spéciaux qui se livrent aux expéditions de long cours.

» Les fonctions de Consul-Général de la Sublime-Porte que remplit M. Halphen à Paris, avec une rare distinction, les études consciencieuses auxquelles il s'est livré sur le pays qu'il représente, la haute position qu'occupe sa famille dans notre commerce national, donnent à ses documents toute l'autorité de l'expérience.

» Imprimer à l'ensemble des progrès de l'industrie une forme plus durable, plus large, plus dégagée de toute espèce de prévention et d'intérêt individuel qu'un article de journal et de revue, c'était là une entreprise faite pour tenter un ami sincère de notre prospérité et de nos institutions : M. Halphen s'en est acquitté avec un zèle, une indépendance, une vive préoccupation du bien public, qui font honneur à ses lumières, à son patriotisme, et qu'on ne saurait trop encourager. »

Quant aux autres journaux qui ont parlé du

rapport de M. Halphen, nous nous bornerons à leur emprunter quelques traits caractéristiques sur ce remarquable travail.

L'Indicateur de Bordeaux : « Ce résumé, fruit de longues et laborieuses recherches, se recommande par un style clair, rapide et quelquefois brillant. Destiné en France à un petit nombre d'amis, il mériterait d'être lu par tous ceux qui désirent avoir une idée complète de l'état de l'industrie à l'époque où nous vivons. »

Archives Israélites de France : « Nous l'avouons franchement, nous nous sommes défiés de notre bienveillance toute naturelle pour un ami, en lisant les premières pages de cet ouvrage ; nous avons craint de n'y rencontrer en réalité que les appréciations superficielles du négociant, et non les considérations de l'industriel, les études de l'homme politique et les investigations de l'économiste. Mais plus nous avancions dans la lecture, et plus nous y avons trouvé de charme et d'instruction ; et nous sommes arrivés au bout de cette longue et intéressante nomenclature, sans nous apercevoir que nous venions d'embrasser sans fatigue et à notre grand profit ce qui constitue une part de la gloire et de la richesse de la France. »

L'Echo de Lorient : « Sous le titre de *Rapport sur l'Exposition des produits de l'Industrie Française en 1844*, M. G. Halphen vient de publier une œuvre qui se recommande à tous égards à l'attention des publicistes et des gouvernements.......

« En rendant compte dans un tableau rapidement tracé, mais clair, net et précis, de toutes les branches d'industrie qui formaient l'exposition de 1844, en attachant à chacune de ces branches quelques noms parmi ceux qui lui ont paru mériter le plus cet honneur, M. Halphen a voulu éclairer le commerce d'exportation. »

La Gazette de France : « L'ouvrage que nous annonçons aujourd'hui n'a aucun rapport, si ce n'est de nom, avec ceux qu'on a publiés sur l'Exposition Française de 1844. Ce n'est point là un catalogue, quelque louable que soit un semblable travail. M. Halphen envisage les choses d'un point de vue plus élevé. Il cherche quel profit il peut y avoir pour la société tout entière dans une telle exposition ; il donne quelques conseils ; et, lorsqu'il examine en particulier les richesses du bazar des Champs-Elysées, il appuie son jugement de plusieurs faits qu'il justifie entièrement. »

Le Courrier Français : « Au nombre des ouvrages destinés à populariser l'industrie, à répandre dans tous les esprits les notions des œuvres matérielles accomplies par le travail humain, nous placerons en première ligne le Rapport de M. Halphen sur l'exposition publique de 1844. Ce rapport n'est pas, comme il arrive trop souvent, une sèche analyse, une aride nomenclature ; c'est une relation écrite avec clarté et intelligence des progrès de notre industrie depuis un demi-siècle ; c'est un bulletin exact et détaillé de la situation actuelle des arts, de la production en France, une collection de courtes et excellentes notices sur chacune des branches de l'industrie nationale. »

L'Heraldo (principal journal de Madrid), traduit par l'*Univers Israélite* : « M. Gustave Halphen, consul-général de la Sublime-Porte, à Paris, a tracé un très beau tableau de l'industrie française en 1844, un tableau des ramifications innombrables de l'industrie, non seulement dans son pays, mais chez les principales nations de l'Europe. Le titre de ce livre est inexact ; M. Gustave Halphen a été trop modeste en l'intitulant : *Rapport sur l'Exposition publique des produits de l'Industrie Française en 1844* ; il aurait dû l'intituler : *Histoire de l'Industrie*. Quoi qu'il en soit, nous recommandons ce remarquable ouvrage, où les qualités littéraires rehaussent le sérieux intérêt du fond, et nous le recommandons d'autant plus vivement que M. Halphen l'a publié dans le but unique d'être utile à son pays et aux autres nations industrielles de l'Europe. »

L'Époque : « Le grand travail que M. Gustave Halphen a entrepris avec un si heureux courage afin d'initier le le gouvernement étranger, dont il est l'un des représentants, aux progrès de notre fabrication, mérite un rappel de mention honorable, pour parler la langue de la circonstance. Ce n'est plus une nomenclature interminable, détaillée jusqu'à la confusion, comme le rapport officiel du Jury des récompenses. C'est un plan sage et large à la fois, où se déroulent, dans un ordre judicieux, les plus utiles inventions, les perfectionnements les plus ingénieux qui se soient produits au milieu du dernier congrès industriel. »

Le Commerce : « Parmi les travaux dus à ces économistes, que nous appellerons *pratiques* pour les distinguer des économistes à imagination, nous avons remarqué un excellent ouvrage, où l'esprit de détail a su trouver sa place convenable, sans nuir en aucune manière à l'esprit d'ensemble. Le *Rapport sur l'Exposition de l'Industrie Française en 1844*, est signé d'un nom connu depuis longtemps dans le monde commercial, et qui occupe aujourd'hui un rang distingué dans le monde diplomatique. M. Gustave Halphen, après avoir, pendant de longues années, contribué au développement de nos relations commerciales par le zèle et la haute intelligence qu'il savait apporter dans les affaires, s'est consacré entièrement à ses fonctions de consul-général de la Sublime-Porte près la France ; fonctions qui lui fournissent chaque jour l'occasion, tout en donnant ses soins aux missions du gouvernement étranger qu'il représente, de se rendre encore utile à son propre pays, en ouvrant de nouveaux débouchés à certaines industries françaises qui lui doivent d'être mieux connues en Orient. »

Le Portefeuille Diplomatique : « Voici un livre utile fait avec talent et conscience, et par conséquent digne de fixer l'attention des hommes sérieux de toutes les nations, nous disons de toutes les nations, car l'important et judicieux travail de M. Halphen ne s'adresse pas seulement à la France, mais à tous les pays où la civilisation a planté son drapeau, où l'industrie et le commerce, les sciences et les arts se développent et se propagent. En inscrivant en tête de ce travail le modeste titre de : *Rapport sur l'Exposition de l'Industrie Française en 1844*, l'auteur promettait moins qu'il n'a tenu. Nous avons sous les yeux le rapport du gouvernement et celui publié par les soins d'une spéculation particulière, et nous voyons quelle immense distance sépare ces deux ouvrages de celui dont nous nous occupons. En effet, tandis que le rapport du gouvernement n'est qu'un dictionnaire raisonné de l'Exposition de 1844, tandis que les annales de M. Boutteilier ne contiennent qu'une longue liste des produits dressés par les exposants eux-mêmes, sans plan ni suite, l'ouvrage de M. Halphen embrasse l'exposition et les exposants, les diverses industries et leurs produits, classés tous dans un ordre aussi simple que clair et logique, et appréciés avec autant de sagacité que de franchise et de bon sens. On voit, on sent à chaque ligne que cet ouvrage a été écrit sans aucune influence étrangère, ni dans aucun but particulier. Ce que l'auteur a voulu, c'était de rendre justice au mérite de nos industriels en ne les jugeant que d'après leurs œuvres; c'était surtout de signaler et faire ressortir les progrès de notre industrie, tant pour éclairer sa marche ultérieure que pour donner aux autres pays des enseignements utiles et un bon exemple à suivre. »

Le Corsaire. Ce journal qui était presque exclusivement consacré à la critique : « Si, comprenant son devoir, le gouvernement voulait l'accomplir en s'appuyant sur un guide sûr et intelligent, il s'adresserait à l'ouvrage de M. Halphen. Rien, en effet, ne saurait donner une idée plus claire et plus complète de ce que doivent être les comptes-rendus de l'Exposition de l'industrie, et, partant, les expositions elles-mêmes, que le tableau de celle de 1844, tel que l'a présenté ce judicieux écrivain. Ce n'est ni une nomenclature des produits à l'instar du rapport publié par le gouvernement, ni un catalogue dressé d'après les avis et les appréciations des exposants eux-mêmes ; c'est un exposé raisonné, calme, impartial, de chaque branche de l'industrie dans sa nature, dans son développement et dans ses produits. Ajoutons que le choix de ces derniers et leur appréciation sont frappés au coin de la plus grande indépendance. »

LA RÉFORME : « M. Gustave Halphen a présenté un tableau net et consciencieux des progrès merveilleux de notre industrie. Il a exécuté ce travail avec autant d'impartialité que de savoir. Son style clair et souple se plie avec la plus heureuse facilité à tous les détails qu'exigent les sujets divers qu'il veut décrire, de façon que son *Rapport sur les produits de l'industrie française en 1844*, est une étude aussi intéressante qu'instructive, dans laquelle les mécanismes les plus ingénieux, les procédés les plus compliqués, sont mis à la portée de tous sans effort, et avec une clarté qui prouve le soin qu'a mis l'auteur à étudier son sujet. »

Quant à la *Gazette du Commerce*, dont le rapport de M. Halphen a aussi appelé son attention, elle a cru devoir reproduire textuellement dans ses colonnes la plupart des appréciations qu'elle y a trouvées, concernant les *machines*.

M. Halphen avait à peine publié son beau travail sur l'Exposition de 1844, que, croyant n'avoir pas encore assez fait pour notre industrie, il se livrait à la composition d'un nouvel écrit sur le *sucre indigène*.

Dans cet écrit, qui parut en 1846, et fut un vrai service rendu à l'industrie sucrière, M. Halphen, après avoir tracé un intéressant historique de l'origine et de la propagation de cette industrie, indiquait, avec sa clarté et sa netteté habituelles de style et d'ordonnance, les meilleurs procédés à suivre pour la fabrication de six millions de kilogrammes de betteraves. Il se livrait, en même temps, à de judicieuses observations sur l'agriculture de la betterave, et montrait qu'à moins de la connaître parfaitement, on ne pouvait réussir dans l'industrie sucrière. Il serait difficile de dire les recherches multipliées et les nombreux voyages que M. Halphen a faits pour visiter toutes les raffineries de France, afin que son œuvre fût d'une utilité incontestable. Ses consciencieux travaux ont été couronnés d'un grand succès.

Nous connaissons encore de M. Halphen une brochure qui a dû être non moins utile au commerce français, car il y parle avec l'autorité de son expérience en matière commerciale, industrielle et économique, des châles de cachemire, dont l'invention des dessins est toujours venue des Français ; de la fabrication de ces châles dans les Indes, et de leur introduction en Europe.

Nous devons ajouter à la nomenclature des travaux sérieux de M. le consul-général de Turquie, que nous avons lu avec un vif intérêt, son remarquable ouvrage sur toutes les branches des départements ministériels de la France. Cet ouvrage, qui contenait la matière de quatre volumes in-8° de cinq cents pages au moins, a été publié dans les colonnes du journal le *Portefeuille diplomatique*.

Si des hommes, amis de leur pays, continuaient cette œuvre en volumes, avec les modifications nécessitées par les circonstances actuelles, il est positif qu'ils auraient lieu de compter sur un grand succès, et sur la reconnaissance de tous ceux qui ont des rapports avec les importantes administration des ministères.

Tels sont les suffrages, aussi flatteurs que mérités, que les livres de M. Halphen ont obtenus de la presse.

Ainsi, nous sommes parfaitement fondé à dire, avec l'*Époque* déjà citée : « A Paris, comme à Constantinople, on a lu avec fruit les recherches savantes auxquelles s'est livré le consul-général de Turquie, pour éclairer d'une vive lumière le monde industriel. On a admiré les vues élevées et fécondes qu'il a développées avec l'autorité de l'expérience, — puis applaudi à la haute distinction que le Sultan lui a décernée en lui envoyant le Nichan-Iftihar, récompensant ainsi les travaux du négociant éclairé, de l'écrivain de talent que le suffrage du pays avait déjà placé si haut. »

Quant à la France, elle a reconnu, par la croix d'officier de la Légion-d'Honneur, les services rendus par M. Halphen à son industrie et à ses industriels.

Et le public n'a pas moins applaudi à ce témoignage de l'estime de notre gouvernement qu'à celui du Grand-Seigneur.

F. LEFEBVRE,
Ancien Sous-Préfet.

PARIS. — IMPRIMERIE DE MADAME DE LACOMBE, RUE D'ENGHIEN, 14.

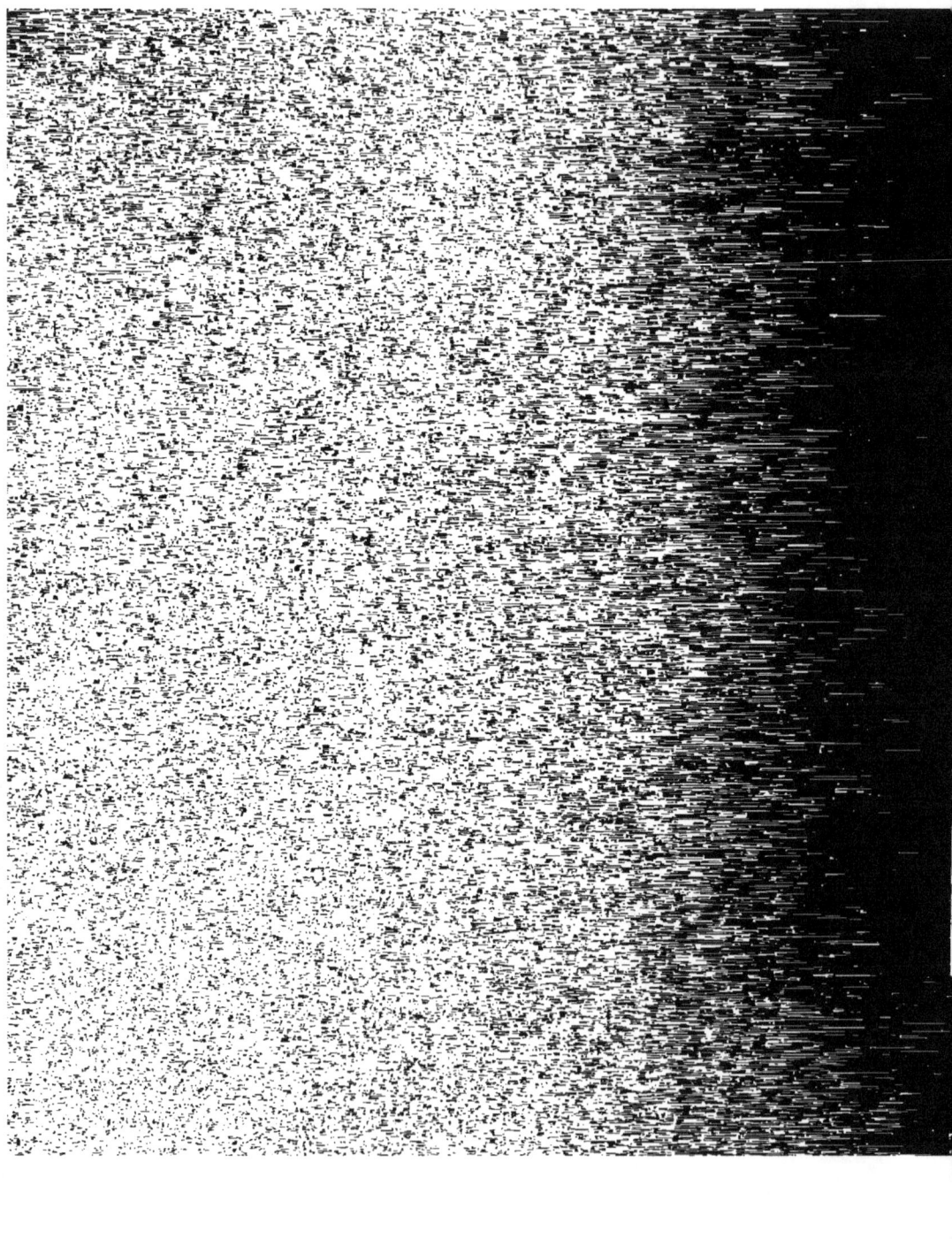

www.ingramcontent.com/pod-product-compliance
Lightning Source LLC
Chambersburg PA
CBHW070544050426
42451CB00013B/3172